Langenscheidt
Sprach Sticker

Deutsch

444 Sticker zum Vokabellernen

Deutsch als Fremdsprache

Langenscheidt

München · Wien

Tipps zur Benutzung

Mit den **SprachStickern Deutsch** können Sie deutsche Vokabeln leichter lernen.
Bekleben Sie die Gegenstände in Ihrer Wohnung und in Ihrem Büro mit den bunten Stickern,
Sie werden das Wort täglich unter den Augen haben und es sich besser merken können.
Dazu wird Ihre Wohnung auch lustiger und farbiger!

Die Fotos helfen Ihnen, die Aufkleber zu den richtigen Gegenständen zuzuordnen.
Und wenn der Sticker weg ist, bleibt ein kleines Bildwörterbuch stehen, mit dem Sie auch am Schreibtisch
lernen können.

grün =
weibliches Wort,
Femininum

die Schere
[ˈʃeːrə]

der Wecker
[ˈvɛkɐ]

gelb =
männliches Wort,
Maskulinum

blau =
sächliches Wort,
Neutrum

das Mehl
[meːl]

die Hauschuhe
[ˈhaʊsʃuːə]

pink =
Pluralwort

Viel Spaß und Erfolg
mit den SprachStickern!

die Tür

die Tür
[ˈtyːɐ]

die Treppe
[ˈtrɛpə]

die Treppe

die Türklingel

die Türklingel
[ˈtyːɐklɪŋəl]

der Heizkörper
[ˈhaɪtskœrpe]

der Heizkörper

die Türklinke

die Türklinke
[ˈtyːɐklɪŋkə]

der Schalter
[ˈʃaltɐ]

der Schalter

das Fenster

das Fenster
[ˈfɛnstɐ]

die Steckdose
[ˈʃtɛkdoːzə]

die Steckdose

die Wand

die Wand
[vant]

die Tapete
[taˈpeːtə]

die Tapete

der Fußboden

der Fußboden
[ˈfuːsboːdən]

die Deckenleuchte
[ˈdɛkənlɔʏçtə]

die Deckenleuchte

die Fußleiste

die Fußleiste
[ˈfuːslaɪstə]

das Leuchtmittel
[ˈlɔʏçtmɪtəl]

das Leuchtmittel

der Teppich

der Teppich
['tɛpɪç]

das Möbel
['mœːbəl]

das Möbel

der Vorhang

der Vorhang
['foːehaŋ]

die Schublade
['ʃuːplaːdə]

die Schublade

das Rollo

das Rollo
['rɔlo]

das Regal
[reːˈgaːl]

das Regal

die Topfpflanze

die Topfpflanze
['tɔpfpflantsə]

der Schrank
[ʃraŋk]

der Schrank

die Uhr

die Uhr
['uːɐ]

die Kerze
['kɛrtsə]

die Kerze

das Bild

das Bild
[bɪlt]

die Klimaanlage
['kliːmaʔanlaːgə]

die Klimaanlage

das Foto

das Foto
['foːto]

der Luftbefeuchter
['lʊftbəfɔʏçtɐ]

der Luftbefeuchter

die Wohnwand

die Wohnwand
['voːnvant]

der Kamin
[ka'miːn]

der Kamin

der Sessel

der Sessel
['zɛsəl]

die Vitrine
[vi'triːnə]

die Vitrine

der Puff

der Puff
[pʊf]

das Aquarium
[a'kvaːriʊm]

das Aquarium

das Sofa

das Sofa
['zoːfa]

der Couchtisch
['kaʊtʃtɪʃ]

der Couchtisch

die Schlafcouch

die Schlafcouch
['ʃlaːfkaʊtʃ]

der Tisch
[tɪʃ]

der Tisch

das Bücherregal

das Bücherregal
[byːçere'gaːl]

der Stuhl
[ʃtuːl]

der Stuhl

das Wandbrett

das Wandbrett
['vantbrɛt]

der Wandschirm
['vantʃirm]

der Wandschirm

der TV-Schrank

der Fernseher

die Fernbedienung

der Receiver

die Tischlampe

die Stehlampe

die Discokugel

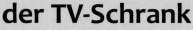

der TV-Schrank
[teːˈfaʊʃraŋk]

der Fernseher
[ˈfɛrnzeːɐ]

die Fernbedienung
[ˈfɛrnbədiːnʊŋ]

der Receiver
[riˈsiːvər]

die Tischlampe
[ˈtɪʃlampə]

die Stehlampe
[ˈʃteːlampə]

die Discokugel
[ˈdɪskokuːgəl]

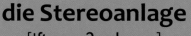

die Stereoanlage
[ˈʃtereoʔanlaːgə]

die CD
[tseːˈdeː]

die DVD
[deːfaʊˈdeː]

der CD-Player
[tseːˈdeːplɛːɐ]

der DVD-Player
[defaʊˈdeːplɛːɐ]

das Radio
[ˈraːdio]

der Beamer
[ˈbiːmɐ]

die Stereoanlage

die CD

die DVD

der CD-Player

der DVD-Player

das Radio

der Beamer

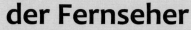

das Buch

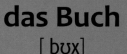

das Buch
[bʊx]

das Brettspiel
[ˈbrɛtʃpiːl]

das Brettspiel

das Wörterbuch

das Wörterbuch
[ˈvœrtebuːx]

der Würfel
[ˈvʏrfəl]

der Würfel

der Atlas

der Atlas
[ˈatlas]

die Spielkonsole
[ˈʃpiːlkɔnzoːlə]

die Spielkonsole

die Zeitschrift

die Zeitschrift
[ˈtsaɪtʃrɪft]

das Fotoalbum
[ˈfoːtoʔalbʊm]

das Fotoalbum

die Zeitung

die Zeitung
[ˈtsaɪtʊŋ]

der Fotorahmen
[ˈfoːtoraːmən]

der Fotorahmen

die Geige

die Geige
[ˈgaɪgə]

die Vase
[ˈvaːzə]

die Vase

das Klavier

das Klavier
[klaˈviːɐ]

der Blumentopf
[ˈbluːməntɔpf]

der Blumentopf

der Backofen

der Backofen
['bak?oːfən]

die Mikrowelle
['miːkrovɛlə]

die Mikrowelle

der Gasherd

der Gasherd
['gaːsheːet]

der Kühlschrank
['kyːlʃraŋk]

der Kühlschrank

der Elektroherd

der Elektroherd
[e'lɛktroheːet]

die Tiefkühltruhe
['tiːfkyːltruːə]

die Tiefkühltruhe

der Herd

der Herd
['heːet]

die Spülmaschine
['ʃpyːlmaʃinə]

die Spülmaschine

die Herdplatte

die Herdplatte
['heːetplatə]

der Hängeschrank
['hɛŋəʃraŋk]

der Hängeschrank

die Dunstabzugshaube

die Dunstabzugshaube
[dʊnst'?aptsuːkshaʊbə]

der Hocker
['hɔke]

der Hocker

der Grill

der Grill
[grɪl]

der Kinderstuhl
['kɪndeʃtuːl]

der Kinderstuhl

das Schneidebrett

das Schneidebrett
['ʃnaɪdəbrɛt]

der Korkenzieher
['kɔrkəntsiːɐ]

der Korkenzieher

das Wiegemesser

das Wiegemesser
['viːgəmɛsɐ]

der Flaschenöffner
['flaʃənʔœfnɐ]

der Flaschenöffner

das Nudelholz

das Nudelholz
['nuːdəlhɔlts]

der Dosenöffner
['doːzənʔœfnɐ]

der Dosenöffner

die Zitruspresse

die Zitruspresse
['tsiːtrʊsprɛsə]

der Spieß
['ʃpiːs]

der Spieß

der Schneebesen

der Schneebesen
['ʃneːbeːzən]

der Fleischklopfer
['flaɪʃklɔpfɐ]

der Fleischklopfer

das Nudelsieb

das Nudelsieb
['nuːdəlziːp]

die Suppenkelle
['zʊpənkɛlə]

die Suppenkelle

das Sieb

das Sieb
[ziːp]

die Raspel
['raspəl]

die Raspel

das Tablett

das Besteck

die Gabel

der Löffel

der Teelöffel

das Messer

das Glas

das Tablett
[ta'blɛt]

die Stäbchen
['ʃtɛːpçən]

das Besteck
[bə'ʃtɛk]

die Tasse
['tasə]

die Gabel
['gaːbəl]

die Espressotasse
[ɛs'prɛsotasə]

der Löffel
['lœfəl]

die Untertasse
['ʊntetasə]

der Teelöffel
['teːlœfəl]

der Teller
['tɛlɐ]

das Messer
['mɛsɐ]

der flache Teller
['flaxə 'tɛlɐ]

das Glas
[glaːs]

der Suppenteller
['zʊpəntɛlɐ]

die Stäbchen

die Tasse

die Espressotasse

die Untertasse

der Teller

der flache Teller

der Suppenteller

der Entsafter

der Entsafter
[ɛnt'zaftɐ]

das Feuerzeug
['fɔyɐtsɔyk]

das Feuerzeug

die Küchenmaschine

die Küchenmaschine
['kyçənmaʃiːnə]

die Streichhölzer
['ʃtraɪçhœltsɐ]

die Streichhölzer

der Fleischwolf

der Fleischwolf
['flaɪʃvɔlf]

der Toaster
['toːstɐ]

der Toaster

die Fritteuse

die Fritteuse
[frɪ'tœːzə]

der Wasserkocher
['vasɐkɔxɐ]

der Wasserkocher

die Kaffeemaschine

die Kaffeemaschine
['kafeːmaʃinə]

die Zuckerdose
['tsʊkɐdoːzə]

die Zuckerdose

die Kaffeekanne

die Kaffeekanne
['kafeːkanə]

der Salzstreuer
['zaltsʃtrɔyɐ]

der Salzstreuer

die Teekanne

die Teekanne
['teːkanə]

die Pfeffermühle
['pfɛfɐmyːlə]

die Pfeffermühle

der Plastikbehälter

das Konservenglas

die Karaffe

der Korb

die Schale

die Schüssel

die Tube

der Plastikbehälter [ˈplastɪkbəhɛltɐ]	**der Topf** [tɔpf]
das Konservenglas [kɔnˈzɛrvənglaːs]	**die Auflaufform** [ˈaʊflaʊffɔrm]
die Karaffe [kaˈrafə]	**die Pfanne** [ˈpfanə]
der Korb [kɔrp]	**der Deckel** [ˈdɛkəl]
die Schale [ˈʃaːlə]	**die Flasche** [ˈflaʃə]
die Schüssel [ˈʃʏsəl]	**die Korbflasche** [ˈkɔrpflaʃə]
die Tube [ˈtuːbə]	**die Papiertüte** [paˈpiːɐtyːtə]

der Topf

die Auflaufform

die Pfanne

der Deckel

die Flasche

die Korbflasche

die Papiertüte

die Spüle

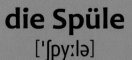

die Spüle
['ʃpyːlə]

der Müllbeutel
['mʏlbɔʏtəl]

der Müllbeutel

das Spülmittel

das Spülmittel
['ʃpyːlmɪtəl]

das Geschirrtuch
[gəˈʃɪrtuːx]

das Geschirrtuch

der Abtropfständer

der Abtropfständer
['aptrɔpfʃtɛndər]

der Lappen
['lapən]

der Lappen

der Schwamm

der Schwamm
[ʃvam]

das Küchenpapier
[ˈkʏçənpapiːr]

das Küchenpapier

die Serviette

die Serviette
[zɛrˈviɛtə]

der Handstaubsauger
[ˈhantʃtaʊbzaʊgɐ]

der Handstaubsauger

die Tischdecke

die Tischdecke
['tɪʃdɛkə]

die Kehrschaufel
['keːɐʃaʊfəl]

die Kehrschaufel

die Plastiktüte

die Plastiktüte
['plastɪktyːtə]

der Mülleimer
['mʏlʔaɪmɐ]

der Mülleimer

der Zucker

der Joghurt

der Tee

die Milch

der Kaffee

die Konfitüre

der Honig

der Zucker
['tsʊke]

der Joghurt
['joːgʊrt]

der Tee
[teː]

die Milch
[mɪlç]

der Kaffee
['kafɛː]

die Konfitüre
[kɔnfi'tyːrə]

der Honig
['hoːnɪç]

das Brot
[broːt]

die Nudeln
['nuːdəln]

das Mehl
[meːl]

der Reis
[raɪs]

der Pfeffer
['pfɛfe]

das Salz
[zalts]

die Butter
['bʊte]

das Brot

die Nudeln

das Mehl

der Reis

der Pfeffer

das Salz

die Butter

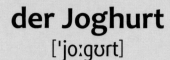
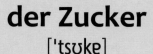

der Computer

der Laptop

der Bildschirm

die Maus

das Mauspad

das Tablet

die Tastatur

der Computer
[kɔmˈpjuːte]

der Laptop
[ˈlɛptɔp]

der Bildschirm
[ˈbɪltʃɪrm]

die Maus
[maʊs]

das Mauspad
[ˈmaʊspɛt]

das Tablet
[ˈtɛblət]

die Tastatur
[tastaˈtuːe]

die Taste
[ˈtastə]

das Verlängerungskabel
[fɛɐˈlɛŋerʊŋsˈkaːbəl]

die Webcam
[ˈwɛbkɛm]

der Drucker
[ˈdrʊke]

der Router
[ˈruːte]

das Mikrofon
[mikroˈfoːn]

die Lautsprecherbox
[ˈlaʊtʃprɛçebɔks]

die Taste

das Verlängerungskabel

die Webcam

der Drucker

der Router

das Mikrofon

die Lautsprecherbox

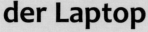

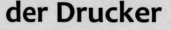

das Papier

das Papier
[pa'piːɐ]

das Notizbuch
[no'tiːtsbuːx]

das Notizbuch

das Blatt

das Blatt
[blat]

der Terminkalender
[tɛr'miːnkalɛndɐ]

der Terminkalender

der Zettel

der Zettel
['tsɛtəl]

der Kalender
[ka'lɛndɐ]

der Kalender

die Haftnotiz

die Haftnotiz
['haftnotiːts]

der Block
[blɔk]

der Block

die Postkarte

die Postkarte
['pɔstkartə]

das Heft
[hɛft]

das Heft

der Umschlag

der Umschlag
['ʊmʃlaːk]

die Mappe
['mapə]

die Mappe

der Brief

der Brief
[briːf]

der Ordner
['ɔrtnɐ]

der Ordner

das Federmäppchen

das Federmäppchen
['feːdɐmɛpçən]

das Lineal
[line'aːl]

das Lineal

der Stift

der Stift
[ʃtɪft]

der Stiftehalter
['ʃtɪftəhaltɐ]

der Stiftehalter

der Bleistift

der Bleistift
['blaɪʃtɪft]

der Zirkel
['tsɪrkəl]

der Zirkel

der Buntstift

der Buntstift
['bʊntʃtɪft]

der Pinsel
['pɪnzəl]

der Pinsel

der Anspitzer

der Anspitzer
['anʃpɪtsɐ]

die Schere
['ʃeːrə]

die Schere

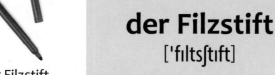
der Textmarker

der Textmarker
['tɛkstmarkɐ]

der Radiergummi
['radiːɐgʊmi]

der Radiergummi

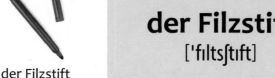
der Filzstift

der Filzstift
['fɪltsʃtɪft]

die Lupe
['luːpə]

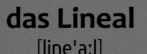
die Lupe

der Tacker

der Tacker
['take]

der Ventilator
[vɛnti'laːtoːɐ]

der Ventilator

die Heftklammern

die Heftklammern
['hɛftklamen]

der Sekundenkleber
[zeˈkʊndənkleːbɐ]

der Sekundenkleber

der Locher

der Locher
['lɔxɐ]

der Aktenkoffer
['aktənkɔfɐ]

der Aktenkoffer

der Taschenrechner

der Taschenrechner
['taʃənrɛçnɐ]

die Brille
['brɪlə]

die Brille

der Tesafilm®

der Tesafilm®
['teːzafɪlm]

das Brillenetui
['brɪlənʔɛtviː]

das Brillenetui

das Klebeband

das Klebeband
['kleːbəbant]

das Brillenputztuch
['brɪlənpʊtstuːx]

das Brillenputztuch

der Klebstoff

der Klebstoff
['kleːpʃtɔf]

die Schachtel
['ʃaxtəl]

die Schachtel

der Schreibtisch

der Papierkorb

die Schreibtischlampe

der Bürostuhl

der E-Reader

die Kopfhörer

der Fotoapparat

der Schreibtisch
['ʃraɪptɪʃ]

die Druckerpatrone
['drʊkepatroːnə]

der Papierkorb
[paˈpiːekɔrp]

der Kopierer
[koˈpiːre]

die Schreibtischlampe
['ʃraɪptɪʃlampə]

der MP3-Player
[ɛmpeːˈdraɪplɛɪe]

der Bürostuhl
[byˈroːʃtuːl]

der USB-Stick
[uːʔɛsˈbeːstɪk]

der E-Reader
['iːriːdər]

das Handy
['hɛndi]

die Kopfhörer
['kɔpfhøːre]

der Scanner
['skɛne]

der Fotoapparat
['foːtoʔaparaːt]

die Ablage
['aplaːgə]

die Druckerpatrone

der Kopierer

der MP3-Player

der USB-Stick

das Handy

der Scanner

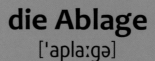
die Ablage

das Bett

das Bett
[bɛt]

das Kopfkissen
['kɔpfkɪsən]

das Kopfkissen

das Federbett

das Federbett
['feːdərbɛt]

das Kissen
['kɪsən]

das Kissen

die Decke

die Decke
['dɛkə]

die Matratze
[ma'tratsə]

die Matratze

die Wolldecke

die Wolldecke
['vɔldɛkə]

der Bettvorleger
['bɛtfoːeleːge]

der Bettvorleger

die Tagesdecke

die Tagesdecke
['taːgəsdɛkə]

der Nachttisch
['naxttɪʃ]

der Nachttisch

das Bettlaken

das Bettlaken
['bɛtlaːkən]

die Nachttischlampe
['naxttɪʃlampə]

die Nachttischlampe

der Kissenbezug

der Kissenbezug
['kɪsənbətsuːk]

der Wecker
['vɛkɐ]

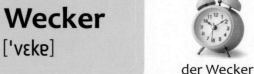

der Wecker

der Kleiderschrank

der Kleiderschrank
['klaɪdeʃraŋk]

die Hose
['hoːzə]

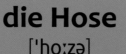
die Hose

der Kleiderbügel

der Kleiderbügel
['klaɪdebyːgəl]

die Hosenträger
[hoːzən'trɛːge]

die Hosenträger

die Kommode

die Kommode
[kɔ'moːdə]

der Rock
[rɔk]

der Rock

der Pullover

der Pullover
[pʊ'loːve]

der Schlafanzug
['ʃlaːfʔantsuːk]

der Schlafanzug

das T-Shirt

das T-Shirt
['tiːʃøːet]

der Gürtel
['gʏrtəl]

der Gürtel

das Hemd

das Hemd
[hɛmt]

die Socken
['zɔkən]

die Socken

die Bluse

die Bluse
['bluːzə]

die Hauschuhe
['haʊsʃuːə]

die Hausschuhe

das Waschbecken

der Wasserhahn

die Badewanne

die Dusche

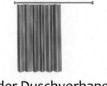

die Duschmatte

der Duschvorhang

die Toilette

das Waschbecken
['vaʃbɛkən]

der Wasserhahn
['vasɐhaːn]

die Badewanne
['baːdəvanə]

die Dusche
['duːʃə]

die Duschmatte
['duːʃmatə]

der Duschvorhang
['duːʃfoːɐhaŋ]

die Toilette
[twaˈlɛtə]

die Toilettenspülung
[twaˈlɛtənʃpyːlʊŋ]

die Toilettenbürste
[twaˈlɛtənbʏrstə]

der Arzneischrank
[aːrtsˈnaɪʃraŋk]

der Spiegel
['ʃpiːgəl]

der Handtuchhalter
['hanttuːxhaltɐ]

die Badematte
['baːdəmatə]

der Wäschekorb
['vɛʃəkɔrp]

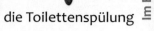

die Toilettenspülung

die Toilettenbürste

der Arzneischrank

der Spiegel

der Handtuchhalter

die Badematte

der Wäschekorb

das Handtuch

das Handtuch
['hanttuːx]

das Duschgel
['duːʃgel]

das Duschgel

das Badetuch

das Badetuch
['baːdətuːx]

das Shampoo
['ʃampuː]

das Shampoo

die Flüssigseife

die Flüssigseife
['flʏsɪçzaɪfə]

die Zahnpasta
['tsaːnpasta]

die Zahnpasta

die Feuchttücher

die Feuchttücher
['fɔʏçttyːçɐ]

die Zahnbürste
['tsaːnbʏrstə]

die Zahnbürste

das Toilettenpapier

das Toilettenpapier
[twaˈlɛtənpapiːr]

die Zahnseide
['tsaːnzaɪdə]

die Zahnseide

die Seife

die Seife
['zaɪfə]

das Mundwasser
['mʊntvasɐ]

das Mundwasser

der Seifenhalter

der Seifenhalter
['zaɪfənhaltɐ]

das Deo
['deːo]

das Deo

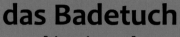

die Haarbürste

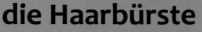

die Haarbürste
['haːebʏrstə]

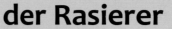

der Rasierer
[ra'ziːre]

der Rasierer

der Kamm

der Kamm
[kam]

der Elektrorasierer
[e'lɛktroraziːre]

der Elektrorasierer

der Föhn

der Föhn
[føːn]

die Rasierklinge
[ra'ziːeklɪŋə]

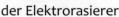
die Rasierklinge

der Lockenstab

der Lockenstab
['lɔkənʃtaːp]

der Rasierpinsel
[ra'ziːepɪnzəl]

der Rasierpinsel

das Glätteisen

das Glätteisen
['glɛtʔaɪzən]

der Rasierschaum
[ra'ziːeʃaum]

der Rasierschaum

die Haarspange

die Haarspange
['haːeʃpaŋə]

das Aftershave
['aːfteʃeːf]

das Aftershave

das Haarspray

das Haarspray
['haːeʃpreː]

das Parfüm
[par'fyːm]

das Parfüm

der Lipgloss

der Lipgloss
['lɪpglɔs]

die Nagelfeile
['naːgəlfaɪlə]

die Nagelfeile

der Lippenstift

der Lippenstift
['lɪpənʃtɪft]

der Nagelknipser
['naːgəlknɪpzɐ]

der Nagelknipser

das Rouge

das Rouge
['ruːʒ]

der Nagellack
['naːgəllak]

der Nagellack

der Kajalstift

der Kajalstift
['kajaːlʃtɪft]

der Nagellackentferner
['naːgəllak ʔɛntfɛrnɐ]

der Nagellackentferner

der Lidschatten

der Lidschatten
['liːtʃatən]

die Nagelschere
['naːgəlʃeːrə]

die Nagelschere

die Wimperntusche

die Wimperntusche
['vɪmpɐntʊʃə]

der Maniküre-Set
[mani'kyːrəsɛt]

der Maniküre-Set

der Abdeckstift

der Abdeckstift
['apdɛkʃtɪft]

die Pinzette
[pɪn'tsɛtə]

die Pinzette

die Watte

das Wattepad

das Wattestäbchen

das Pflaster

das Nasenspray

die Tablette

die Mullbinde

die Watte
['vatə]

das Wattepad
['vatepɛt]

das Wattestäbchen
['vatəʃtɛːpçən]

das Pflaster
['pflastɐ]

das Nasenspray
['naːzənʃpreː]

die Tablette
[ta'blɛtə]

die Mullbinde
['mʊlbɪndə]

das Thermometer
[tɛrmo'meːtɐ]

der Inhalator
[ɪnha'laːtoːɐ]

die Sonnencreme
['zɔnənkreːm]

die Salbe
['zalbə]

die Waage
['vaːgə]

die Kontaktlinsen
[kɔn'taktlɪnzən]

die Creme
[kreːm]

das Thermometer

der Inhalator

die Sonnencreme

die Salbe

die Waage

die Kontaktlinsen

die Creme

das Kinderbett

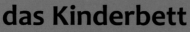
das Kinderbett
[ˈkɪndebɛt]

das Kuscheltier
[ˈkʊʃəltiːɐ]

das Kuscheltier

der Stubenwagen

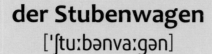
der Stubenwagen
[ˈʃtuːbənvaːgən]

der Teddybär
[ˈtɛdibɛːɐ]

der Teddybär

der Laufstall

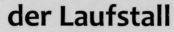
der Laufstall
[ˈlaʊfʃtal]

die Schaufel
[ˈʃaʊfəl]

die Schaufel

der Kinderwagen

der Kinderwagen
[ˈkɪndevaːgən]

die Puppe
[ˈpʊpə]

die Puppe

der Buggy

der Buggy
[ˈbagi]

der Luftballon
[ˈlʊftbalɔŋ]

der Luftballon

die Wickelkommode

die Wickelkommode
[ˈvɪkəlkɔmoːdə]

die Bauklötzchen
[ˈbaʊklœtsçən]

die Bauklötzchen

die Spielsachen

die Spielsachen
[ˈʃpiːlzaxən]

die Murmel
[ˈmʊrməl]

die Murmel

der Schulranzen

der Stundenplan

das Spielzeugauto

der Malkasten

der Füller

das Comicheft

der Schulranzen
['ʃuːlrantsən]

die Schwimmflügel
['ʃvɪmflyːgəl]

der Stundenplan
['ʃtʊndənplaːn]

das Sparschwein
['ʃpaːɐ̯ʃvaɪn]

das Spielzeugauto
['ʃpiːltsɔʏkaʊto]

das Puzzle
['pʊzəl]

der Malkasten
['maːlkastən]

der Fußball
['fuːsbal]

der Füller
['fʏlɐ]

der Ball
[bal]

das Comicheft
['kɔmɪkhɛft]

der Globus
['gloːbʊs]

das Bilderbuch
['bɪldebuːx]

der Drachen
['draxən]

die Schwimmflügel

das Sparschwein

das Puzzle

der Fußball

der Ball

der Globus

der Drachen

das Bilderbuch

die Garderobe

der Kleiderhaken

der Kleiderständer

die Hutablage

der Schirmständer

das Telefon

der Rauchmelder

die Garderobe
[gardə'roːbə]

der Kleiderhaken
['klaɪdehaːkən]

der Kleiderständer
['klaɪdeʃtɛnde]

die Hutablage
['huːtʔaplaːgə]

der Schirmständer
['ʃɪrmʃtɛnde]

das Telefon
[tele'foːn]

der Rauchmelder
['raʊxmɛlde]

das Schuhregal
['ʃuːreːgaːl]

der Schuhschrank
['ʃuːʃraŋk]

der Wandspiegel
['vantʃpiːgəl]

die Sitztruhe
['zɪtstruːə]

die Sprechanlage
['ʃprɛçʔanlaːgə]

der Türspion
['tyːrʃpioːn]

der Vorleger
['foːeleːge]

das Schuhregal

der Schuhschrank

der Wandspiegel

die Sitztruhe

die Sprechanlage

der Türspion

der Vorleger

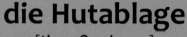

der Hut

die Handtasche

der Hut
[huːt]

die Handtasche
['hanttaʃə]

der Sonnenhut

die Tasche

der Sonnenhut
['zɔnənhuːt]

die Tasche
['taʃə]

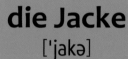

die Jacke

die Schuhe

die Jacke
['jakə]

die Schuhe
['ʃuːə]

der Mantel

die Turnschuhe

der Mantel
['mantəl]

die Turnschuhe
['tʊrnʃuːə]

der Regenmantel

die Handschuhe

der Regenmantel
['reːgənmantəl]

die Handschuhe
['hantʃuːə]

der Regenschirm

die Fußmatte

der Regenschirm
['reːgənʃirm]

die Fußmatte
['fuːsmatə]

der Stock

die Stiefel

der Stock
[ʃtɔk]

die Stiefel
['ʃtiːfəl]

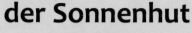

das Bügelbrett

das Bodentuch

das Bügeleisen

der Putzeimer

die Waschmaschine

der Schrubber

das Waschmittel

das Putzmittel

der Weichspüler

der Staubsauger

der Wäscheständer

der Wischmopp

der Besen

der Staubwedel

das Bügelbrett
['byːgəlbrɛt]

das Bodentuch
['boːdəntuːx]

das Bügeleisen
['byːgəlʔaɪzən]

der Putzeimer
['pʊtsʔaɪmɐ]

die Waschmaschine
['vaʃmaʃiːnə]

der Schrubber
['ʃrʊbɐ]

das Waschmittel
['vaʃmɪtəl]

das Putzmittel
['pʊtsmɪtəl]

der Weichspüler
['vaɪçʃpyːlɐ]

der Staubsauger
['ʃtaʊpzaʊgɐ]

der Wäscheständer
['vɛʃəʃtɛndɐ]

der Wischmopp
['vɪʃmɔp]

der Besen
['beːzən]

der Staubwedel
['ʃtaʊpveːdəl]

der Schlafsack

das Fernglas

die Picknickdecke

die Inlineskates

das Snowboard

der Tennisschläger

die Taschenlampe

der Schlafsack
['ʃlaːfzak]

das Fernglas
['fɛrnglaːs]

die Picknickdecke
['pɪknɪkdɛkə]

die Inlineskates
['ɪnlaɪnskeːts]

das Snowboard
['snoːboːɐt]

der Tennisschläger
['tɛnɪsʃlɛːgɐ]

die Taschenlampe
['taʃənlampə]

der Schlitten
['ʃlɪtən]

die Schlittschuhe
['ʃlɪtʃuːə]

die Schwimmbrille
['ʃvɪmbrɪlə]

der Tennisball
['tɛnɪsbal]

das Skateboard
['skeːtboːɐt]

die Skier
['ʃiːɐ]

die Skischuhe
['ʃiːʃuːə]

der Schlitten

die Schlittschuhe

die Schwimmbrille

der Tennisball

das Skateboard

die Skier

die Skischuhe

der Werkzeugkasten

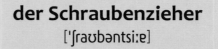

der Werkzeugkasten
['vɛrktsɔʏkkastən]

der Schraubenzieher
['ʃraʊbəntsiːɐ]

der Schraubenzieher

die Zange

die Zange
['tsaŋə]

die Bohrmaschine
['boːɐmaʃiːnə]

die Bohrmaschine

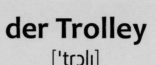

der Zollstock

der Zollstock
['tsɔlʃtɔk]

der Trolley
['trɔlɪ]

der Trolley

der Dübel

der Dübel
['dyːbəl]

der Koffer
['kɔfɐ]

der Koffer

der Nagel

der Nagel
['naːgəl]

der Rucksack
['rʊkzak]

der Rucksack

der Hammer

der Hammer
['hamɐ]

der Klappstuhl
['klapʃtuːl]

der Klappstuhl

die Schraube

die Schraube
['ʃraʊbə]

der Liegestuhl
['liːgəʃtuːl]

der Liegestuhl

die Leiter

die Leiter
['laɪtɐ]

das Geschenkpapier
[ɡəˈʃɛŋkpapiːɐ]

das Geschenkpapier

die Trittleiter

die Trittleiter
['trɪtlaɪtɐ]

der Geldbeutel
['ɡɛltbɔʏtəl]

der Geldbeutel

die Kiste

die Kiste
['kɪstə]

die Brieftasche
['briːftaʃə]

die Brieftasche

der Karton

der Karton
[kaeˈtɔŋ]

das Hundefutter
['hʊndəfʊtɐ]

das Hundefutter

das Fahrradschloss

das Fahrradschloss
['faːraːtʃlɔs]

die Papiertaschentücher
[paˈpiːetaʃəntyːçɐ]

die Papiertaschentücher

der Schlüssel

der Schlüssel
['ʃlʏsəl]

die Nähmaschine
['nɛːmaʃiːnə]

die Nähmaschine

das Geschenkband

das Geschenkband
[ɡəˈʃɛŋkbant]

die Wolle
['vɔlə]

die Wolle

SprachSticker Deutsch
Herausgegeben von der Langenscheidt-Redaktion

Projektleitung: Dr. Sabrina Cherubini
Lektorat: Barbara Epple
Bildredaktion: Dr. Ulrich Reißer
Corporate Design Umschlag: KW 43 BRANDDESIGN, Düsseldorf
Umschlaggestaltung: Guter Punkt, München
Satz: zweiband.media, Berlin

Bildnachweis: Alle Bilder aus shutterstock, Ausnahme S. 5 (das Wörterbuch)

© 2018 Langenscheidt GmbH & Co. KG, München
Printed in China
ISBN: 978-3-468-22701-1

www.langenscheidt.com

18010